HIER BEWEGT SICH WAS

Liebe Leserinnen, liebe Leser,
die Bandnummerierung der Pipotitel wird nicht mehr fortgeführt. Sie
können jedoch die Nummer des jeweiligen Bandes anhand der ISBN-
Nummer (z. B. 3-89124-7**62**-1) auf der Rückseite des Umschlags oder
auf Seite 4 erkennen.

Alle hier vorgeschlagenen Übungen und Spielideen wurden von Autor
und Verlag sorgfältig erwogen und geprüft. Dennoch erfolgt ihre
Durchführung auf eigene Gefahr und entbindet die Übungsleiter nicht
von der Beachtung individueller Gefahrenmomente und der Planung
entsprechender Sicherheitsmaßnahmen.

Eine Haftung des Autors bzw. des Verlages und seiner Beauftragten ist
ausgeschlossen.

HIER BEWEGT SICH WAS

Eltern-Kind-Turnen und Kinderturnen
in Kindergarten, Schule und Verein

DIE DINOS SIND LOS!

Meyer & Meyer Verlag

Redaktion: Jenny Fotschki, Susanne Emmerich
Illustrationen: André Besgens
Autorinnen: Susanne Emmerich, Jenny Fotschki

Die Dinos sind los!

Bibliografische Information Der Deutschen Bibliothek
Die Deutsche Bibliothek verzeichnet diese Publikation in der Deutschen
Nationalbibliografie; detaillierte bibliografische Daten sind im Internet über
http://dnb.ddb.de abrufbar.

© 2004 by Meyer & Meyer Verlag, Aachen
Adelaide, Auckland, Budapest, Graz, Johannesburg, New York,
Olten (CH), Oxford, Singapore, Toronto
Member of the World
Sport Publishers' Association (WSPA)
Druck: FINIDR s.r.o., Český Těšín
ISBN 3-89124-762-1
E-Mail: verlag@m-m-sports.com
Internet: www.m-m-sports.com

INHALT

LIEBE LESERINNEN, LIEBE LESER!

Der Boden bebt, die Erde wackelt – was um Himmels willen kann das sein? Die Welt, sie zittert! Die Dinos sind los!

Mitnichten ausgestorben, toben sie quicklebendig durch die Kinderzimmer und die Phantasien der Kinder. Lasst sie uns lieber in die Turnhallen holen, denn nur die sind groß genug für unsere sympathischen Riesen!

Die Beschäftigung mit Dinosauriern bietet Raum für großartige Fantasiereisen ebenso wie für wissenschaftliche Forschung, für zarte Berührung wie für wildes Klettern und Toben.

Auf der Suche nach versteinerten Knochen werden wir ein Forscher-Team unterstützen, auf Urzeitfrüchte stoßen, die es heute in keinem Supermarkt zu kaufen gibt und mit viel Mut und Geschick einen Urzeitriesen beklettern.

Immer auf der Hut vor gefräßigen Dinosauriern werden wir auch ihre sanfte Seite kennen lernen und Gelegenheit finden, uns in völliger Geborgenheit zu entspannen.

Und gerade die Tatsache, dass die Lebensumstände der „echten" Dinos nicht letztendlich geklärt werden können, macht uns jede Art von ihnen zu Freunden – wie auch immer sie gelebt haben mögen!

Das Thema Dinosaurier eignet sich für alle Altersgruppen. Durch ihre magische Anziehungskraft sind sie den meisten Kindern wohl bekannt.

Und auch die Herangehensweise lässt hier viele Möglichkeiten und Wege offen. Mit Grundschulkindern bietet sich beispielsweise eine Projektwoche zu diesem Thema an, in der die Kinder fächerübergreifend, *bewegt* und *aktiv* Natur, Geschichte und Kunst begreifen.

Am Ende des Projekts können alle Beteiligten stolz ihre Ergebnisse vorstellen, indem sie zum Dinofest oder zu einer Ausstellung über Dinosaurier einladen.

Auch für Kindergartenkinder sind die vielen Bewegungsideen zur Fantasieanregung und Auseinandersetzung geeignet. Als Einstieg ins Thema bieten sich zuallererst Fingerspiele, kleine Spiele und Lieder an.

Oder vielleicht planen Sie mit Ihrem Turnverein oder Kindergarten einen Ausflug, der Turnen und Toben an Dinos aus Großgeräten und das Erleben eines spannenden Museums einmal verbindet.

Übrigens ist „mal wieder" der größte Dinosaurier Europas entdeckt worden:

Spanische Wissenschaftler fanden in Ostspanien Knochenreste eines Sauriers. Vermutlich war er 35 Meter lang und 50 Tonnen schwer. Das Gewicht entspricht sieben ausgewachsenen Elefanten!

Wer Gelegenheit hat, mit den Kindern auf den Schulhof zu gehen, kann die Länge ja mit ihnen einmal abmessen!

Bei dem nun entdeckten Saurier handelt es sich um einen Pflanzenfresser mit vier mächtigen Beinen und einem langen dünnen Hals, der vor ca. 110-130 Millionen Jahren gelebt hat.

Obgleich Dinosaurier oft unglaublich groß und damit auch eher ungelenk waren, lebten sie vermutlich bereits nach dem gleichen Schema, das auch heute noch für alle Lebewesen gilt:

Auf die Welt kommen, wachsen, Nahrung suchen, sich vermehren und den Nachwuchs aufziehen.

Viele Leserinnen und Leser haben nach dem Erscheinen des letzten Bandes die Möglichkeit des Internet genutzt, und über info@bewegungstraum-dortmund.de Kontakt zu uns aufgenommen. Für das Feedback bedanken wir uns herzlich.

Wenn Sie auch zu diesem Band Fragen und Anregungen haben oder auch Wünsche für zukünftige Buchthemen äußern möchten, dann senden Sie bitte eine Email an obige Adresse oder besuchen Sie uns auf der Internetseite http://www.bewegungstraum-dortmund.de.

Und nun wünschen wir allen viel Spaß beim Turnen, Spielen, Fühlen und Forschen.

Es grüßen Sie herzlichst

PIPO, Jenny Fotschki
       & Susanne Emmerich

FINGERSPIEL & RHYTHMIK

Nachdem die Nachricht vom Wiederauftauchen der Dinosaurier in allen Medien von der Zwergenpostille über die Hexennachrichten bis hin zum Engelsfunk zu lesen, zu sehen und zu hören war, begeben wir uns am besten auf eine Safari, um selbst die Riesen aus der Urzeit erleben zu können!

Zunächst treffen wir eine Dinofamilie, die schon gespannt auf ihr Dinobaby wartet.

DAS DINOBABY

– Text: Jenny Fotschki –

In einem großen Dinosauriernest
feiert eine Dinofamilie ein großes Fest.

*Mit beiden geöffneten Händen eine ausladende Geste machen und die
Hände zu einem Nest zusammenführen.*

Denn die Zeit des Wartens ist endlich vorbei, ein
kleiner Dino schlüpft aus seinem Ei!

*Eine halb geöffnete Handfläche bildet das Nest.
Mit der anderen Hand eine Faust ballen und in das
geformte Nest hineinlegen.*

Es knackt, knistert und kracht, das Dinobaby ist
endlich aufgewacht.

*Langsam die Finger der geballten Faust öffnen.
Die Finger einzeln bewegen.*

Mit einer Eierschale auf dem Kopf schaut er
sich um, der kleine Knopf!

*Eine Hand bildet wieder eine Faust, mit der
anderen gewölbten Hand über der Faust einen
Hut formen. Die Faust rundherum drehen, als ob
sich der Dino umschauen würde.*

Auf seinem Bäuchlein kannst du rote Punkte sehen und an seinem Kopf grüne Härchen, die kreuz und quer abstehen.

Mit den Fingern der einen Hand auf der anderen Arm-innenseite und der geballten Faust Punkte tupfen. Einzelne Finger als Haare aus der Faust strecken.

Dinos Füße sind riesengroß und blau, damit stiehlt er jedem anderen Dinosaurier garantiert die Show!

Mit den geschlossenen Handflächen Füße andeuten, damit auf dem Boden hin- und herlaufen.

Nun wagt er den Sprung aus seinem Eierschalenhaus. Jeder fragt sich, warum sieht unser Dino nur so anders aus?

Mit den Händen einen Sprung ausführen. Fragende Geste.

Seine Eltern fangen ihn behutsam auf, halten ihn schön warm, wiegen, schaukeln und tragen ihn auf ihrem Arm.

Beide Arme vor der Brust verschränken. Wiegende und schaukelnde Armbewegungen ausüben.

Die Dinofamilie ist nun außer Rand und Band – unser Dinobaby ist das Schönste im ganzen Dinoland!

SPIELIDEE 1

MATERIAL: Eine oder mehrere Handtrommeln, alternativ Trommeln selbst bauen.

Für Vorschulkinder ist das Fingerspiel von unserem Dinobaby besonders spannend, wenn es als kurze Geschichte erzählt, mit einer oder mehreren Handtrommeln begleitet und direkt in Bewegung umgesetzt wird.

Da eine Handtrommel einen hohen Aufforderungscharakter hat, sollte anfangs jedes Kind im Kreis die Gelegenheit bekommen, das Instrument kennen zu lernen und das Trommelfell mit der Hand, den Fingern oder der Wange zu befühlen.

Ist es möglich, für jedes Kind oder für zwei Kinder gemeinsam eine Trommel zu organisieren, dann können die Kinder damit erste Klangmöglichkeiten selbst ausprobieren.

Die Leiterin überlegt gemeinsam mit den Kindern, wie die Geschichte mit der Handtrommel untermalt werden kann und wie sich die Kinder dazu bewegen können.

„Stellt euch einmal vor, ihr wärt ein kleines Dinobaby, das in einem großen Ei stecken würde. Plötzlich, mit einem lauten Knacken, Knistern und Krachen, springt es aus dem Ei heraus und überall sind Eierschalen auf seinem Kopf und an seinem Körper."

Beispielsweise nimmt jedes Kind eine zusammengekauerte Haltung am Boden ein, springt mit einem großen Satz auf und schüttelt sich.

Bestimmt haben die Kinder spontan weitere Ideen, was das Dinobaby als Nächstes erleben wird, z. B. erste unsichere Geh- oder Flugversuche, Futtersuche oder ein bequemes Nest einrichten.

Ideen für die Fingerspielbegleitung mit der Handtrommel:

— Die Dinofamilie feiert ein großes Fest.

„Dinostampfen" imitieren, mit der Handfläche mal leise und mal laut trommeln.

— Es knackt, knistert und kracht.

Mit den Fingern am Trommelfell klopfen, kratzen und mit der Handfläche schließlich einmal fest trommeln.

— Am Bäuchlein kannst du rote Punkte sehen.

Mit den Fingern vereinzelt trommeln.

— Dinos Füße sind riesengroß.

Mit der Handfläche laut trommeln, passend zum Rhythmus des Gehens.

— Nun wagt er den Sprung.

Einmal laut auf die Trommel schlagen.

— Seine Eltern fangen ihn auf, wiegen, tragen.

Mit der Handfläche leise über das Fell streichen.

— Die Dinofamilie ist außer Rand und Band.

Wildes, lautes Trommeln.

SPIELIDEE II

Jedes Kind erhält eine Handtrommel und begleitet das Dinofingerspiel selbstständig. Zwei Kinder bilden ein Team, wovon eines auf der Handtrommel spielt und das andere sich dazu passende Bewegungen ausdenkt.

Ein kleiner Tipp:

Mit der Kindergruppe ein akustisches bzw. ein visuelles Signal vereinbaren, damit zwischendurch die Aufmerksamkeit der Kinder wiedererlangt wird: Trommeln können ganz schön laut sein!

WIR WOLLEN DINOSAURIER SEH'N

– Text: Susanne Emmerich –

Wir wollen Dinosaurier seh'n,
– Hand über die Augen. –

mit ihnen in die Urzeit geh'n.
– Auf der Stelle gehen. –

Wir haben keine Angst vor nix!
– Kopf schütteln, Zeigefinger unterstützt. –

Ab in den Urwald, aber fix!
– Auf der Stelle rennen. –

Seht nur, da vor uns beginnt der Urwald! Und hört ihr? *– Hand an die Ohrmuschel halten. –* Ich glaube, ich habe schon ein Brüllen gehört! Das war bestimmt von einem Dinosaurier!

Lasst uns schnell in den Urwald gehen und suchen. Meine Güte – hier hängt ja alles voll Lianen! Die müssen wir erstmal durchqueren.

Mit den Armen so tun, als würde man herabhängende Zweige und Büsche nach links und rechts aus dem Weg räumen.

Wir wollen Dinosaurier seh'n,
mit ihnen in die Urzeit geh'n.
Wir haben keine Angst vor nix!
Ab in den Urwald, aber fix!

Endlich haben wir die Lianen hinter uns! Aber habt ihr es auch gemerkt? Hier sind ja überall Äste und Wurzeln auf dem Boden! Da müssen wir drübersteigen.

– Auf der Stelle gehen und dabei über imaginäre Hindernisse steigen. –

Wir wollen Dinosaurier seh'n,
mit ihnen ...

Wir schauen uns um – keine Dinos in Sicht! Aber da vor uns liegt ein Tümpel. Ich fürchte, den müssen wir durchschwimmen!

– Schwimmbewegungen machen. –

Wir wollen Dinosaurier seh'n, ...

Ach, du Schreck – da vor uns liegt eine Lichtung, auf der sich jede Menge Urzeitschlangen tummeln! Die sind zwar nicht giftig, aber sie können ihre Beute festhalten und umschlingen. Damit sie das nicht mit uns machen, müssen wir uns ganz langsam bewegen, denn sie reagieren auf schnelle Bewegungen.

– Langsam, wie in Zeitlupe mit großen Bewegungen der Arme und Beine auf der Stelle gehen. –

Wir wollen Dinosaurier seh'n, ...

Habt ihr das auch gehört? Da war wieder das Gebrüll! Wir sollten auf diesen Riesenbaum klettern, da sehen wir mehr als in diesem Urwalddickicht.

– Kletterbewegungen simulieren. –

Wir wollen Dinosaurier seh'n, ...

Seht ihr das auch? Da vor uns – mindestens 30 Dinos ... und alle so – schaut nach oben – schrecklich groß! Noch größer als unser Baum! Also, ich würde sagen ... solange wir nicht wissen, ob das Pflanzen- oder Fleischfresser sind ... lasst uns lieber schnell wieder aus dem Urwald verschwinden!

– Übungsleiterin schlägt sich mit entsetztem Gesicht die Hand vor den Mund. –

Schnell wieder den Baum herabklettern ...

– Kletterbewegungen ausführen. –

Durch die Schlangenlichtung! Vorsicht, langsam bewegen ...

– In Zeitlupe bewegen. –

Schnell durch den Tümpel schwimmen ...

– Schwimmbewegungen. –

Über die Wurzeln steigen ...

– Über gedachte Hindernisse steigen. –

Sich durch die Lianen hindurchkämpfen ...

– Links und rechts Lianen aus dem Weg räumen. –

Puuuh, geschafft!
– Imaginären Schweiß abwischen. –

Aber ... es ist ja so ruhig hier ... die haben uns wohl nicht verfolgt?! ... Am Ende sind Dinosaurier gar nicht so gefährlich?! ... aber sicher ist sicher ...

Jedenfalls:

Wir wollten Dinosaurier seh'n,
mit ihnen in die Urzeit geh'n.
Wir hatten keine Angst vor nix!
Kam'n aus dem Urwald – ziemlich fix!

SPIELIDEE

Bei unserer Safari stehen wir im Kreis, alle sprechen und spielen zusammen den Refrain unseres Sprechgesangs, die Übungsleiterin spricht und spielt die Strophen dazwischen – selbstverständlich machen alle Teilnehmer nach Kräften mit!

Diese Urwaldsafari macht Kindern ab dem Vorschulalter Spaß, bei Jüngeren besteht die Gefahr, dass sie in der Atmosphäre stetig steigender Spannung wirkliche Angst empfinden – was wir natürlich keinesfalls wollen!

Vorschulkinder kennen sich oft schon überraschend gut mit den verschiedenen Saurierarten aus und wissen daher, das offenbar nur ein kleiner Teil der echten Dinos gefährlich war.

Außerdem können sie den Nervenkitzel eingebildeter Gefahren schon besser einschätzen und genießen.

LIEDER

Alle großen und kleinen Dinoforscher haben bestimmt nichts gegen eine erste friedliche Begegnung mit den fremden Riesen aus der Urzeit einzuwenden. Mithilfe der folgenden Lieder ist das auch kein Problem! Wir lernen 10 kleine Dinos kennen, die genauso wie Menschenkinder nach einigen Abenteuern Schutz und Trost bei ihrem Dinopapa suchen.

Richtig Spaß macht auch ein stimmgewaltiger Kanon in der Turnhalle, der sicherlich auch das lauteste Gebrüll eines Dinosauriers aus längst vergangener Zeit übertrifft – jedenfalls kommt es auf einen Versuch an!

DINOS STAMPFEN

– Melodie: Bruder Jakob, mündlich überliefert, Text und Idee: Susanne Emmerich –

1. Dinos stampfen,
   – Rhythmisch stampfen. –
   Dinos stampfen,
   – Rhythmisch stampfen. –

2. zanken auch,
   – In die Hände klatschen. –
   zanken auch,
   – In die Hände klatschen. –

3. hab'n sich wieder gerne,
   – Arme reiben. –
   hab'n sich wieder gerne,
   – Arme reiben. –

4. knochenhart,
   – Auf den Boden klopfen. –
   knochenhart!
   – Auf den Boden klopfen. –

Je nach Einsatz der Gruppe kommt es bei diesem Lied zu einem wahren Urzeitkonzert! Sollten den Kindern andere, d. h. mit ziemlicher Sicherheit „lautere" Geräusche einfallen, die sich mit dem Körper produzieren lassen, können diese gerne in die Strophen mit aufgenommen werden!

Mit sehr stimmgewaltigen Eltern beim Eltern-Kind-Turnen lässt sich das „Dinos stampfen"-Lied sogar als Kanon intonieren:

Die Teilnehmer werden in vier Gruppen aufgeteilt, in jeder Gruppe sollten sich anteilmäßig gleich viele Eltern und Kinder befinden.

Die erste Gruppe fängt an, die ersten beiden Zeilen zu singen.

Beginnt Gruppe 1 mit den zweiten beiden Zeilen, beginnt Gruppe 2 zeitgleich mit den ersten Zeilen.

Beginnt Gruppe 1 mit den dritten beiden Zeilen, beginnt Gruppe 2 mit den zweiten und Gruppe 3 mit den ersten Zeilen.

Beginnt Gruppe 1 mit den vierten beiden Zeilen, beginnt Gruppe 2 mit den dritten, Gruppe 3 mit den zweiten und Gruppe 4 mit den ersten Zeilen und so weiter und so weiter, solange es gut geht oder bis die Übungsleiterin an einem Zeilenende ein Zeichen gibt. Besonders schön ist es, wenn ein gleichzeitiges Ende aller gelingt!

Eine solche Klangkulisse gibt allen Dinogeräuschen die Ehre!

10 KLEINE DINOS

– Melodie: überliefert, Text: Jenny Fotschki –

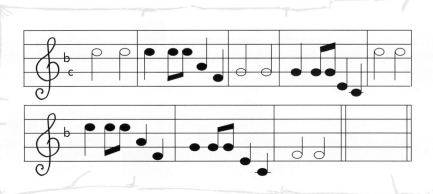

Refrain:
Ein Dino-, zwei Dino-, drei Dinosaurier,
vier Dino-, fünf Dino-, sechs Dinosaurier,
sieben Dino-, acht Dino-, neun Dinosaurier,
10 kleine Dinos.

STROPHE 1:

Sie laufen durch den Wald zum großen Vulkan,
sie laufen durch den Wald zum großen Vulkan,
sie laufen durch den Wald zum großen Vulkan
10 kleine Dinos.

Refrain:
Ein Dino-, zwei Dino-, drei Dinosaurier …

STROPHE 2:

Sie steigen auf den Vulkan, doch der Vulkan, der spuckt,
sie steigen auf den Vulkan, doch der Vulkan, der spuckt,
sie steigen auf den Vulkan, doch der Vulkan, der spuckt,
10 kleine Dinos.

Refrain:
Ein Dino-, zwei Dino-, drei Dinosaurier …

STROPHE 3:

Sie rennen, sie rennen, sie rennen zum Fluss,
sie rennen, sie rennen, sie rennen zum Fluss,
sie rennen, sie rennen, sie rennen zum Fluss,
10 kleine Dinos.

Refrain:
Ein Dino-, zwei Dino-, drei Dinosaurier …

STROPHE 4:

Sie trinken, sie trinken, sie trinken das Wasser,
sie trinken, sie trinken, sie trinken das Wasser,
sie trinken, sie trinken, sie trinken das Wasser,
10 kleine Dinos.

Refrain:
Ein Dino-, zwei Dino-, drei Dinosaurier ...

STROPHE 5:

Sie waten durch das Wasser,
doch das Wasser ist zu tief,
sie waten durch das Wasser,
doch das Wasser ist zu tief,
sie waten durch das Wasser,
doch das Wasser ist zu tief,
10 kleine Dinos.

Refrain:
Ein Dino-, zwei Dino-,
drei Dinosaurier ...

STROPHE 6:

Sie schwimmen, sie schwimmen, sie schwimmen ans
Ufer, sie schwimmen, sie schwimmen, sie schwimmen ans Ufer, sie schwimmen, sie schwimmen, sie schwimmen ans Ufer, 10 kleine
Dinos.

Refrain:
Ein Dino-, zwei Dino-, drei Dinosaurier …

STROPHE 7:

Sie rennen, sie rennen, sie rennen zum Papa,
sie rennen, sie rennen, sie rennen zum Papa,
sie rennen, sie rennen, sie rennen zum Papa,
10 kleine Dinos.

STROPHE 8:

Der Papa nimmt sie hoch und drückt sie und küsst sie,
der Papa nimmt sie hoch und drückt sie und küsst sie,
der Papa nimmt sie hoch und drückt sie und küsst sie,
10 kleine Dinos.

*Ein – zwei – drei – vier – fünf – sechs – sieben
acht – neun – 10 kleine Dinosaurier!*

SPIELIDEE

Zum **Refrain**:
Ein Dino-, zwei Dino-, drei Dinosaurier ...

Nacheinander jeden einzelnen
Finger zeigen – schließlich alle
10 Finger hochhalten.

Zu den **STROPHEN 1-7**:

Verschiedene Bewegungen der einzelnen
Strophen imitieren, wie laufen, steigen, rennen,
trinken, waten, schwimmen, rennen.

Zu **STROPHE 8**:

Jeden einzelnen Finger zeigen und
einmal küssen.

WAHRNEHMUNG

Wie gemütlich und kuschelig ein Dinonest sein kann, zeigen wir im folgenden Wahrnehmungsspiel. Dabei erfahren wir, dass Dinosaurier Eier wie Vögel und Reptilien gelegt haben und die Kleinen das Nest gehütet haben, während sich die Eltern auf Futtersuche begeben haben.

Beim Ausbrüten der Eier gehen selbst Dinoeltern äußerst sensibel vor. Daher können sich alle Dinobabys bei der Pflege bedenkenlos entspannen.

DIE DINOS BRÜTEN IHRE EIER AUS

Das Bild, das jeder vor Augen hat, wenn er an Dinosaurier denkt, ist das von ihrer unvorstellbaren Größe. In unseren Gedanken schleppen sie sich, Baumwipfel überragend und Stämme umknickend, durch Wälder und Gebüsche, ohne von Dingen, die unterhalb ihres massigen Körpers geschehen, überhaupt nur Notiz zu nehmen!

Einige von uns wissen vielleicht, dass es zu verschiedenen Zeiten der Erdgeschichte auch viele Dinosaurierarten gab, die nicht besonders groß waren. Aber Bilder von Riesen wie dem Langhals Brontosaurus (Apatosaurus), dem mit Knochenplatten bewehrten Stegosaurus oder dem gigantischen Fleischfresser Tyrannosaurus Rex sind so beeindruckend, dass sie in den meisten Köpfen mit dem Begriff Dinosaurier verschmolzen sind.

Wir können uns kaum vorstellen, dass solche ungelenken Monster auch eine liebevolle und zarte Seite an sich hatten. Doch das mussten sie wohl, denn auch sie wurden Eltern und zogen ihren kleinen und zerbrechlichen Nachwuchs groß.

Und das geht nun mal, wie wir alle wissen, nur mit viel Liebe und Zärtlichkeit!

IM DINONEST

MATERIAL: Pro Familie eine Bodenturnmatte, ein weißes Laken oder
ein Bettbezug und ein Igelball.

Und so geht's:

Um unsere Dinoeier auszubrüten, wird für jede Familie eine Matte aus-
gelegt und kreisförmig angeordnet. Auf jede Matte kommt ein einfaches
weißes Laken bzw. ein Bettbezug. Je nach Dinoart kann die Farbe des
Lakens natürlich auch variieren.

Die Kinder spielen Dinoeier. Sie legen sich seitlich zusammengekrümmt
(in Embryonalhaltung) auf das Laken bzw. in den Bettbezug und werden
rundherum darin eingepackt.

Nicht vergessen, im Gesichtsbereich ein Luft- bzw. Guckloch freizuhal-
ten! Bei ängstlichen Kindern kann man den gesamten Gesichts- oder
auch Kopfbereich freilassen und den Körper sehr locker „einschlagen".

In jedem Nest befindet sich bei uns nun ein Ei.

Wie alle Eltern sind auch die Dinoeltern unglaublich stolz auf ihr Ei. Zärtlich wenden sie das Ei hin und her und betrachten es.

Die „Eier" vorsichtig auf der Matte hin- und herrollen.

Sie können das Wunder, dass ihr Nachwuchs in diesem Ei steckt und lebt, kaum fassen. Vorsichtig klopfen sie auf die Schale und lauschen, ob sie Antwort bekommen.

Rundherum die Eier vorsichtig abklopfen, immer wieder horchen.

Die Dinoeltern halten es warm und bebrüten es.

Die Arme um das Ei legen, wärmen und ganz sanft wiegen.

Wenn dem Dinobaby in seiner Eierschale schön warm geworden ist, schlüpft es langsam heraus, die Eltern helfen, die Eierschalen abzulösen.

Die Kinder werden vorsichtig aus den Tüchern gewickelt.

Nun sind die Babys noch ganz schrumpelig und verklebt, die Dinoeltern putzen sie trocken.

Massage mit dem Igelball.

Um die ungelenken, langen Glieder zu entfalten, schütteln die Dinoeltern vorsichtig die Flügel der Kleinen aus, streichen sie glatt, besonders die Flügelspitzen werden sanft massiert.

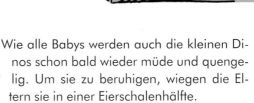

Vorsichtig den jeweiligen Arm halten und ausstreichen, besonders Hände und Finger.

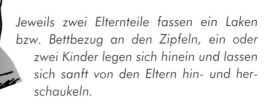

Wie alle Babys werden auch die kleinen Dinos schon bald wieder müde und quengelig. Um sie zu beruhigen, wiegen die Eltern sie in einer Eierschalenhälfte.

Jeweils zwei Elternteile fassen ein Laken bzw. Bettbezug an den Zipfeln, ein oder zwei Kinder legen sich hinein und lassen sich sanft von den Eltern hin- und herschaukeln.

33

Bei diesem Spiel können sich unsere Dinobabys ganz und gar geborgen und behütet fühlen!

Die „Eierschale" sowie die brütenden Arme und Körper der Eltern lassen sie den eigenen Körper und dessen Grenzen ganz und gar wahrnehmen. Beim „Trockenputzen" fühlen sie ihre Haut auch an unerreichbaren Stellen (Rücken) und beim „Wiegen" erleben sie ihren Körper unter völliger Entspannung in verschiedener Lage im Raum.

BEWEGUNGS-GESCHICHTE

DIE DINOS SIND LOS!

Unsere Dinobabys sind nun durch intensives Ausbrüten zu starken Dinokindern herangewachsen, die schon bald selbstbewusst die Welt für sich entdecken können – spätestens in unserer Bewegungsgeschichte!

DINOS AUF FUTTERSUCHE

Eine ziemlich große Gruppe von Dinos hat sich da in unserer Turnstunde eingefunden! Und wie es scheint, sind alle recht friedlich – es ist wohl eine Gruppe von Pflanzenfressern. Nur Fleischfresser verfolgen und bedrohen ja andere Dinoarten, Pflanzenfresser vertragen sich untereinander.

Aber so viele Pflanzenfresser … so schnell können die Pflanzen ja gar nicht nachwachsen, wie sie von den Dinos abgeknabbert werden – man stelle sich vor: 20 Dinos, die jeder jeden Tag mindestens drei große Büsche verspeisen müssen!

Den Dinos bleibt nichts anderes übrig, als sich auf die Wanderschaft zu begeben.

Aber da sie sowieso kein wirkliches Zuhause haben, – sie können sich ja keine Häuser bauen, und Höhlen, die groß genug wären, sie zu beherbergen, gibt es auch nicht so viele – wandern Dinos von Natur aus ihr Leben lang umher.

So geht es auch unserer Gruppe von Pflanzenfressern:

MATERIAL: Pro Familie ein Laken.

Die Laken liegen ausgebreitet in der Halle verteilt.

Nachdem die Dinos ihre Babys ausgebrütet hatten, blieben sie eine ganze Weile in dem fruchtbaren Tal, wo sie ihre Nester zum Brüten benutzt hatten.

Die Kinder hatten dort reichlich junges, frisches Grün zum Knabbern, und auch die Alten konnten lange Zeit sorglos leben.

Die Kleinen wuchsen schnell heran, aus den zarten Babys wurden starke Kinder.

Starke Kinder haben aber auch einen großen Appetit und so kam es, dass bald alles Grün in der Dinosaurierebene verspeist war. Jedes zarte Zweiglein war abgeknabbert und es gab einfach nichts mehr zu fressen, so sehr die Dinos auch suchten!

Alle (Eltern und) Kinder laufen kreuz und quer durch die Halle und suchen in jeder Ecke, auch unter den Laken, nach etwas Essbarem.

So mussten sie einsehen, dass es Zeit wurde, weiterzuwandern. Sie bildeten einen langen Dinotreck und stampften los.

Alle fassen sich an den Händen und stampfen wiegenden Schrittes in langer Schlange kreuz und quer durch die Halle.

Als bald das Leittier müde wurde, übernahm der letzte Dino in der Reihe die Führung und das ging so weiter, bis jeder einmal den Treck angeführt hatte.

Während der Tross weiterstampft, rennt das letzte Glied der Kette nach vorne und übernimmt die Führung. Nach einigen Schritten unter neuer Führung folgt wiederum der Letzte ganz nach vorne.

Sie durchquerten ein kleines Gehölz, dabei mussten selbst die riesigsten Dinosaurier ganz schön die Beine heben!

Z. B. mit angezogenen Knien und großen Schritten weitergehen.

Die Flugsaurier umkreisten währenddessen den Treck und hielten nach Gefahren Ausschau.

Z. B. mit ausgebreiteten Armen schnell hin- und herfliegen.

Plötzlich schrien die Flugsaurier laut auf.

Jetzt dürfen alle, die wollen, einmal laut krächzend schreien.

Da lauerten Scharfzähne in einiger Entfernung! Die Dinos drängten sich schutzsuchend zusammen.

Z. B. bilden alle einen engen Kreis oder legen sich nah aneinander.

Aber hier abzuwarten half ja auch nicht weiter! So suchten sich die Dinos lieber jeder für sich ein Versteck. Manche halfen einander auch und boten sich gegenseitig Schutz.

Alle laufen umher und suchen Verstecke, dabei bieten sich auch die Laken an! Wer kein Versteck findet, versteckt sich bei den Eltern.

Als eine Zeit lang nichts geschah, lugten die Dinos aus ihren Verstecken heraus und horchten am Boden, ob sich nicht doch ein großes Tier näherte.

Mit dem Ohr auf den Boden legen und lauschen.

Die Flugsaurier wurden ausgesandt, um zu sehen, ob die Gefahr gebannt war.

Z. B. mit ausgebreiteten Armen schnell hin- und herfliegen.

Um auf Nummer Sicher zu gehen, schlichen die Dinos geduckt durch einen riesigen Urwald.

Z. B. im Entengang oder auf allen vieren leise krabbeln.

Auf den Urwald folgte ein Sumpfgebiet, das die Dinos nur durchqueren konnten, indem sie von Stein zu Stein hüpften.

Z. B. springen, entweder mit beiden Beinen, im Spreizsprung, auf einem Bein oder wie ein Hase.

Danach waren aber ihre Füße doch schlammig geworden und damit nicht das ganze welke Laub an der Schlammkruste kleben blieb, dachten sich die Dinosaurier eine andere Gangart aus. Welche Idee habt ihr, wie sich die Dinos noch fortbewegen können?

Z. B. Zehenspitzengang, rückwärts, seitwärts gehen.

Einem Flugsaurier fiel auf, dass sie jetzt ganz andere Spuren hinterließen als vorher. Das schien den Dinos ein guter Trick zu sein, die Scharfzähne zu verwirren. Und so probierten sie für das nächste Stück noch weitere Gangarten aus.

Z. B. Fersengang, auf einem Bein, Trippelschritte, große Schritte.

Jetzt konnte bestimmt kein Feind mehr ihrer Spur folgen!

Die Dinokinder wurden langsam müde und so kletterten sie auf die Rücken ihrer Eltern und ließen sich eine Weile tragen.

Erwachsene nehmen die Kinder auf den Rücken.

Als die Kinder sich ausgeruht hatten, konnten die Eltern nicht mehr – da zogen die Kinder ihre Eltern ein Stück.

Eltern legen sich auf die La-
ken, Kinder ziehen, jeweils
mehrere Kinder einen Er-
wachsenen.

Schließlich erreichten sie eine Anhöhe und schauten sich um.

Mit der Hand die Augen beschirmen und Ausschau halten.

Da unter ihnen, direkt unter ihrem Hügel, lag der Scharfzahn und schlief! Die Dinos beschlossen, ihn zu erschrecken und zu vertreiben. Alle kamen dicht zusammen und bildeten einen riesigen Riesendinosaurier und riefen: „Uahh!" – aber der Scharfzahn schlief weiter. Die Dinos mussten ihren ganzen Mut aufbringen und riefen lauter: „Uahh!" Auch daraufhin reagierte er nicht. Erst als alle zusammen ein ohrenbetäubend lautes Dinogebrüll von sich gaben, öffnete der Scharfzahn ein Auge. Als er aus dem Augenwinkel einen noch nie gesehenen Riesendino erspähte, erschrak er sehr.

Mithilfe der Laken bilden alle
zusammen einen Riesen-
dino.

Der Scharfzahn konnte sich nicht mehr anders helfen als mit Flucht. Er rannte und rannte, bis er schließlich am Horizont verschwand und nie mehr gesehen wurde.

Vor den Dinos lag nun einen fruchtbare Ebene mit vielen Wäldern, hohem Gras und dichten Büschen. Die Dinos freuten sich sehr und rannten wild drauflos; jeder wollte zuerst dort unten sein.

Alle rennen in der Halle herum.

Nachdem die Dinos gefressen hatten, baute jede Familie ein Nest für die Nacht, in dem die Kinder es sich gemütlich machen konnten. Alle waren satt und glücklich und voller Zuversicht, dass sie beim nächsten Mal sicher wieder einen guten Platz bei der Futtersuche finden würden!

Aus den Laken Nester bauen und einkuscheln.

Diesmal bietet die Bewegungsgeschichte allein schon darum viel Raum für Fantasie, weil sie fast ohne Materialien auskommt. Der Kniff mit den Laken dient dazu, dass die Eltern motiviert werden, sich gemeinsam mit ihren Kindern in der Stunde zu bewegen. Zusätzlich werden die Kinder in die Lage versetzt, ihre Eltern zu transportieren. Dadurch können sich Kinder wirklich stark fühlen, sie stellen sozusagen die Regeln auf den Kopf.

Und wann kann man stark sein, wenn nicht in der Rolle eines Urzeitriesen, eines Dinosauriers?!

Sollten bei den Kindern noch Ängste vor den Dinosauriern bestehen, so können sie die in dieser Bewegungsgeschichte wunderbar „bespielen". Sie spüren ihre eigene Kraft und zugleich die Geborgenheit in der Gruppe. Das schafft Selbstvertrauen und lässt die Wichtigkeit von Gemeinschaft spüren.

So gestärkt, kann die Reise unserer Dinos weitergehen!

KLEINGERÄTE — ÜBLICHE UND UNGEWÖHNLICHE

Im Land der Dinos treffen wir nicht nur riesige Dinosaurier, sondern turnen auch mit ungewöhnlichen Früchten aus der Urzeit, fantasievollen und selbstgestalteten Schlingblumen und kleinen Flugsauriern.

Auf den folgenden Seiten stellen wir eine bunte Mischung von Bewegungsaufgaben vor, mit deren Hilfe Kinder zu vielfältigen Bewegungsideen motiviert werden. Dabei werden die Bedürfnisse der Kinder unterschiedlicher Altersstufen berücksichtigt und verschiedene Schwierigkeitsgrade angeboten, sodass sich jedes Kind seine Herausforderung suchen und Erfolgserlebnisse aus der Bewegungsstunde mitnehmen kann.

URZEITFRÜCHTE, SCHLINGBLUMEN UND FLUGSAURIER

Fantasievolle Bewegungsideen aus der Urzeit

Einmal in eine längst vergangene Zeit reisen und möglichst unbemerkt am Leben der Dinosaurier teilhaben. Diese Vorstellung wird wohl ein Wunschtraum bleiben!

In der Turnhalle oder im Bewegungsraum können wir zumindest mit einigen Groß- und Kleingeräten und viel Fantasie unser eigenes Dinoland gestalten, in dem natürlich auch ein Riesendinosaurier nicht fehlen darf.

Aus Softbällen, Tennisbällen, verschiedenfarbigen Mülltüten und Chiffontüchern lassen sich ungewöhnliche Früchte aus der Urzeit, Schlingblumen und kleine Flugsaurier herstellen, mit denen wir turnen, toben und uns an verschiedenen Großgerätestationen bewegen wollen.

Es müssen lediglich Mülltüten besorgt werden und diverse Bälle vorhanden sein. Ohne großen Zeitaufwand in der Turnstunde können Kinder und Eltern nach Kräften mithelfen, diese Fantasiefrüchte, -pflanzen und Flugsaurier herzustellen. Im Folgenden wird beschrieben, wie es geht.

So wird's gemacht:

URZEITFRÜCHTE

MATERIAL: Soft-, Elefantenhaut- oder Volleybälle, große Mülltüten in verschiedenen Farben, Tennisbälle, Tüten unterschiedlicher Größe, Schere.

Für die Urzeitfrüchte benötigt man viele Soft- oder Volleybälle und große Mülltüten, am besten in blau, gelb, weiß, rot und transparent. Jeweils ein Ball wird in eine Mülltüte gesteckt und diese anschließend zugeknotet. Das lange Ende der Mülltüte kann in Streifen geschnitten werden.

Die Tennisbälle lassen sich ebenfalls in verschieden große Tüten stecken, zuknoten und als Fantasiefrüchte aus der Urzeit verwenden.

FLUGSAURIER

MATERIAL: Tennisbälle oder Tischtennisbälle, farbige Chiffontücher.

Auf die Tennisbälle bzw. Tischtennisbälle Gesichter malen, in farbige Chiffontücher einwickeln und zuknoten.

SCHLINGBLUMEN

MATERIAL: Rote, gelbe, weiße und blaue große Mülltüten, Permanentfarbstifte, Schere

Kinder malen Fantasieblumen, Schling- und Dschungelpflanzen auf
große farbige Tüten, am besten mit Permanentfarbstiften. In die bemal-
ten Tüten je einen Ball stecken, zuknoten und das lange Ende der Tüte
in Streifen schneiden oder nach eigener Vorstellung gestalten.

Ein kleiner Tipp:

Kostenlose und ausgediente Tennisbälle gibt es in Tennisvereinen. Da
die Tennisbälle ihre Schlagfestigkeit bei längerem Gebrauch verlieren,
werden sie eimerweise von den Tennistrainern in größeren Zeitabstän-
den aussortiert und auch verschenkt. Oder in der Turngruppe nachfra-
gen, ob Eltern, ältere Geschwister oder Freunde und Bekannte Tennis
spielen und ihre alten Tennisbälle verschenken möchten.

WER WECKT DEN RIESENDINOSAURIER?

Großgeräteaufbau Stegosaurus:

Pferd, großer Kasten, Bock, mehrere kleine Kästen und eine Bank; alles hintereinander aufstellen, aus Pappe einen Dinokopf ausschneiden und bemalen, diesen vorne an das Pferd binden.

Die Großgeräte werden mit Matten rundherum abgesichert.

Mehrere Kaffee- oder Cappuccinodosen (einige davon mit Nägeln füllen), Pylonen, Kegel, Küchenrollen nacheinander auf den Dinorücken (Großgeräte) stellen.

Jeder Mitspieler benötigt einige Urzeitfrüchte in unterschiedlichen Größen.

SPIELIDEE

Ihr seid mit einer Zeitmaschine in die längst vergangene Urzeit geflogen. Auf der Suche nach Dinosauriern hat es euch tief in den Urwald verschlagen. Hier entdeckt ihr viele unbekannte Riesenbäume, Urzeitfrüchte und Schlingpflanzen, die nur hier wachsen.

Jeder von euch hat einige Urzeitfrüchte auf dem langen Weg gesammelt. Und ihr traut euren Augen nicht – da vorne trefft ihr auch schon den ersten riesigen Dinosaurier!

Dieser Riesendino liegt gemütlich in der Sonne und dämmert vor sich hin. Offensichtlich macht er ein Mittagsschläfchen – leider versperrt er euch den Weg, sodass ihr beschließt, den Dino vorsichtig zu wecken.

Einige Bewegungsaufgaben:

 Bewaffnet mit den Urzeitfrüchten, versucht ihr, den Dino am Rücken zu treffen, um ihn wach zu kitzeln.

 Probiert mit den verschiedenen Wurfgeschossen aus, zuerst die größeren und dann die kleineren Zacken zu treffen.

 Doch Vorsicht! Wenn der Dino durch ein lautes Geräusch unsanft geweckt wird (z. B. wenn die Dose mit Nägeln abgetroffen wird und scheppert), solltet ihr euch besser verstecken – man weiß ja nie, ob der Dino heute gut gelaunt ist.

 Wir halten erst mal einen großen Sicherheitsabstand ein, den wir dann Schritt für Schritt verringern können.

 An den kleinen Zacken ist der Riesendino viel kitzliger als an den großen Zacken. Wie können wir ihn wecken?

 Dieser Dinosaurier hat anscheinend einen sehr tiefen Schlaf und eure Versuche, ihn wach zu kitzeln, scheinen nicht richtig zu wirken. Da habt ihr beschlossen, einfach über den Dinosaurier zu klettern und euren Weg durch den Urwald fortzusetzen.
Ihr wollt schließlich noch andere Dinos kennen lernen. Dieser hier hatte auf jeden Fall ein sanftes Gemüt – sicherlich ein Pflanzenfresser, der sich nach seinem Schläfchen über die leckeren Urzeitfrüchte freut.

URZEITFRÜCHTEBAUM

MATERIAL: Urzeitfrüchte in verschiedenen Größen in unterschiedlicher Höhe an der Sprossenwand befestigen, z. B. mit den langen Tütenstreifen verknoten.

In einiger Entfernung umgedrehte kleine Kästen, Kasteninnenteile, Schüsseln, Körbe oder Eimer aufstellen.

Die pflanzenfressenden Dinosaurier können mit ihren langen Hälsen ohne Schwierigkeiten die schmackhaften Urzeitfrüchte aus den Gipfeln der Bäume anknabbern. Wir sind viel zu klein und müssen auf die riesigen Urzeitbäume klettern, um die ungewöhnlichen Früchte aus den Baumgipfeln zu pflücken.

Einige Bewegungsaufgaben:

Von den Baumgipfeln versuchen wir, die Früchte in einen der verschiedenen Körbe zu werfen.

Zu zweit lassen sich die Urzeitfrüchte noch besser pflücken!

Einer von euch beiden klettert auf den Baum. Der andere steht mit einem Korb unten.

Probiere aus, wie du die gepflückten Früchte in den Korb werfen kannst.

Jedoch kann es gut sein, dass dein Partner mal weiter weg oder nah am Baumstamm steht, zur linken oder rechten Seite läuft. Schließlich seid ihr nicht die einzigen Urzeitfrüchtepflücker auf dem Baum!

VARIANTE:

Über die Sprossen der Sprossenwand werden in unterschiedlicher Höhe Chiffontücher gehängt.

An diesem Urzeitbaum blühen bunte Blumen, die herrlich duften. Um sie zu pflücken, versucht ihr, aus einiger Entfernung die Blüten mit den Urzeitfrüchten abzutreffen, sodass sie auf den Boden fallen.

FLUGSCHULE FÜR FLUGSAURIER

AUFBAU NEST: Eine Gymnastikmatte in zwei Reifen legen; Reifen an den Ringen mit Seilchen befestigen und ein langes Seil als Rückholschnur anbinden. Feste Regeln mit den Kindern absprechen: Nur die Übungsleiterin löst die Befestigung an der Wand, um die darin gelandeten Flugsaurier wieder aus dem Nest holen zu können!
Einige Flugsaurier pro Kind vorbereiten.

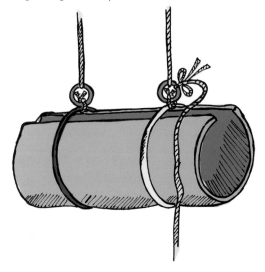

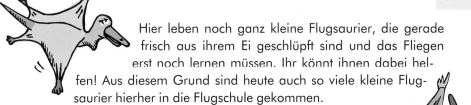

Hier leben noch ganz kleine Flugsaurier, die gerade frisch aus ihrem Ei geschlüpft sind und das Fliegen erst noch lernen müssen. Ihr könnt ihnen dabei helfen! Aus diesem Grund sind heute auch so viele kleine Flugsaurier hierher in die Flugschule gekommen.

Einige Bewegungsaufgaben:

Zuerst müssen die kleinen Flugsaurier lernen, wie sie unbeschadet ins Nest fliegen können. Wie gelingt ihnen das?

Sobald alle Flugsaurier im Nest gelandet sind, versucht ihr, sie wieder aus dem Nest zu holen.

Wie könnt ihr den Flugsauriern zeigen, möglichst weit weg und hoch hinaus in den Himmel zu fliegen?

Probiert aus, mit den Flugsauriern verschiedene Kurven zu fliegen bzw. abwechselnd ganz hoch und tief zu fliegen.

Habt ihr eine Idee, wie ihr mit den Flugsauriern einen Blindflug veranstalten könnt?

Die älteren Flugsaurier möchten sehr schnell fliegen lernen. Versucht, ihnen schnelles Fliegen beizubringen.

Viele Flugsaurier sind gesellige Dinos. Sie fliegen auch gerne zu zweit oder veranstalten einen Dreiecksflug. Wie könnt ihr den Flugsauriern das zeigen?

Welche Flugkunststücke fallen euch ein, die ihr mit den Flugsauriern ausprobieren könnt?

IM TÜMPEL DER SCHLINGBLUMEN

MATERIAL: Viele Schlingblumen liegen dicht an dicht, z. B. in einer Ecke der Turnhalle, begrenzt mit zwei auf der Seite liegenden Bänken.

Wie könnt ihr durch den Tümpel waten, ohne die schönen Blumen zu berühren?

Versucht, nur die roten (bzw. gelben, blauen) Schlingblumen aus dem Tümpel zu fischen.

Dinos nehmen gerne ein Bad im Tümpel. Stellt euch vor, ihr seid Dinos. Wie könnt ihr euch unter den Schlingblumen verstecken, ohne dass ein Körperteil von euch zu sehen ist?

GROßGERÄTE & BEWEGUNGS-LANDSCHAFTEN

In unmittelbarer Nähe haben Dinoforscher Riesenknochen eines bisher unbekannten Dinosauriers entdeckt. Wahrscheinlich lebte der Dino vor 100 Millionen Jahren in unserer Gegend. Vermutlich war er 2 x so hoch und genauso schwer wie ein afrikanischer Elefant.

Die Forscherteams sind sich sicher, dass noch mehr Knochen an der Fundstelle ausgegraben werden können. Dafür suchen sie junge Forscher, die ihnen helfen, weitere Knochen zu finden.

Und sie haben uns gefragt, ob wir in unserer Turnhalle für sie einmal nachforschen können! Ist doch klar, dass wir ihnen helfen, oder?

KNOCHENFUND IN DER BEWEGUNGSLANDSCHAFT

SPIELIDEE I
Ab ca. fünf Jahre

MATERIAL: Pro Kind einige Blätter Papier, Malstifte, Forscherpass (siehe Kopiervorlage in der Kreativecke, Seite 92), eventuell Sachbücher, für jede Station Kopien der Knochen (siehe Dinoskelett auf Seite 58).

Als echte Wissenschaftler suchen wir nach Dinosaurierknochen in der Ausgrabungsstätte – unserer Bewegungslandschaft. Wie die Riesenknochen angefertigt werden, zeigen wir auf Seite 57.

Die Dinoforscher können an den Großgerätestationen verschiedene Bewegungsaufgaben ausprobieren. Damit die Spannung so richtig gesteigert und der Forschergeist geweckt wird, suchen zusätzlich alle nach den Riesenknochen.

Haben die Forscher einen Knochen gefunden, malen sie diesen auf einem Blatt Papier ab. Wenn sie alle einzelnen Knochenfunde abgemalt haben, werden die Knochen so zusammengesetzt, dass ein Skelett eines gefährlichen, Fleisch fressenden Dinosauriers entsteht.

Wichtig ist außerdem, dass jeder Knochen wieder an die Fundstelle zurückgelegt wird, damit die anderen Forscher ebenfalls die Knochen entdecken können.

Um welchen Dinosaurier es sich handelt, können die älteren Kinder selbst herausfinden, wenn sie bereits mit dem Thema vertraut sind oder sie können in dafür ausgelegten Sachbüchern nachschlagen.

Übrigens handelt es sich um den bekannten Tyrannosaurus Rex, der zu den größten Fleischfressern gehörte. Sein Kopf erreichte eine Länge von 1,25 m und sein Körper war 10-14 m lang. Er war bis zu sieben Tonnen schwer und lief auf zwei Beinen. Dabei setzte er seinen Schwanz zum Halten des Gleichgewichts ein. Er hinterließ Fußspuren von 46 cm Länge.

Nach erfolgreichem Knochenfund bekommen alle Dinoforscher einen weltweit gültigen Forscherpass.

SPIELIDEE II
Ab Vorschulalter

MATERIAL: Pro Kind eine Kopiervorlage mit vorgezeichnetem Dinosaurierskelett auf Seite 58, Malstifte, Forscherpass.

Auch unsere kleinen Dinoexperten begeben sich auf Spurensuche. An jeder Gerätestation sind wieder Knochen versteckt. Dieses Mal versuchen die Kinder, ihre Knochenfunde anhand der Form auf ihrer Kopiervorlage mit Dinoskelett wiederzuerkennen. Die gefundenen Knochen werden auf dem Blatt ausgemalt, sodass hinterher ein farbiges Dinosaurierskelett zu erkennen ist.

Selbstverständlich bekommen auch die Kleinen einen Forscherpass am Ende der Stunde ausgehändigt.

Vorbereitung:

MATERIAL: Sehr groß kopierte Knochen (siehe Kopiervorlage auf Seite 58) bzw. Pappe, Farbstifte, Schere.

Die Saurierknochen des Dinosaurierskeletts werden von der Gruppenleitung vergrößert kopiert, ausgeschnitten und an den jeweiligen Stationen versteckt (z. B. Schädelknochen, Oberschenkelknochen, Fußknochen, Wirbelsäule, Schwanz). Die Knochen können auch in der gewünschten Größe abgemalt, auf Pappe geklebt, bemalt und ausgeschnitten werden.

Genaue Hinweise zu den Geräteaufbauten und zum Verstecken der Knochen sind auf den nächsten Seiten zu finden. Selbstverständlich handelt es sich bei den Großgeräten um Vorschläge, die je nach Gegebenheiten vor Ort verändert werden können, genauso wie die Knochenfundstellen.

Unser Dinoskelett (Tyrannosaurus Rex) als Kopiervorlage.

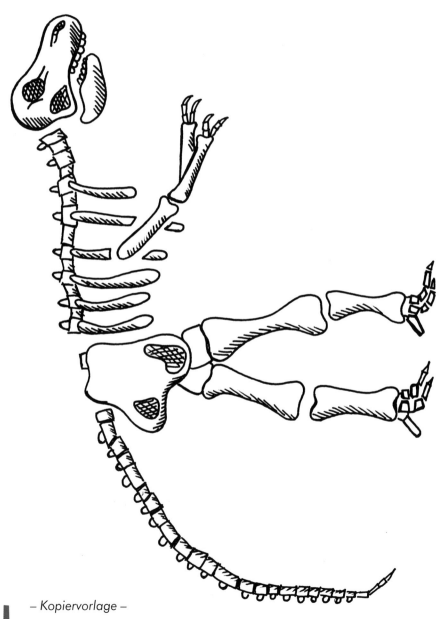

– Kopiervorlage –

IN DER AUSGRABUNGSSTÄTTE

AUSRÜSTUNG TRANSPORTIEREN

Die Dinoforscher haben einige Rucksäcke voller Ausrüstungsgegenstände, wie Schaufel, Spaten oder Pinsel, mitgebracht. Alles soll sicher über eine schmale Brücke transportiert werden, die über einen Fluss führt.

Wie gelingt es den Forschern, mit einem oder mehreren Rucksäcken die Brücke zu überqueren, ohne dass die Sachen nass werden?

Einige Dinoforscher versuchen, auch rückwärts über die Brücke zu kommen, ohne ins Wasser zu fallen.

MATERIAL: Rucksack, Sandspielzeug (Schaufel, Spaten, Harke, Eimer, Sieb), Malerpinsel oder Sandsäckchen, 4-6 Teppichfliesen.

Knochenfundstelle: Knochen unter einer von mehreren Teppichfliesen verstecken.

Großgeräteaufbau: Schwebebalken oder umgedrehte Bank auf zwei kleinen Kästen bzw. Lüneburger Stegel, Matten zur Absicherung, blaue Chiffontücher als Wasser.

– Kopiervorlage –

IM TIEFEN AUSGRABUNGSLOCH

In einigen Fällen müssen die Forscher ziemlich tief im Gestein nach Knochen graben. Immer wieder versuchen die Forscher, in das tiefe Loch hinabzusteigen, um einen Knochen zu finden.

Welcher Riesenknochen befindet sich im Ausgrabungsloch?

Wie gelingt es euch, mit einem oder mehreren Gesteinsbrocken (Bierdeckel) in der Hand aus dem Loch zu klettern?

MATERIAL: Sprossenwand, zwei große Kästen, ein Kastenoberteil, zwei kleine Kästen, Leiter zum Einhängen oder eine Bank, Matten zur Absicherung, viele Bierdeckel.

Knochenfundstelle: Knochen unter Bierdeckeln verstecken.

– Kopiervorlage –

DINOFUSSABDRUCK ERKENNEN

Als Paläontologe, so nennt man echte Dinosaurierwissenschaftler, muss man selbstverständlich in der Lage sein, unterschiedliche Fußabdrücke zu erkennen.

Versucht, mit Seilchen den riesigen Fuß eines Dinosauriers nachzulegen. Auf einem großen Tapetenstück könnt ihr zum Vergleich mit einem Stift die Konturen von eurem eigenen Fuß und eurer Hand umzeichnen.

Wer möchte, legt sich in voller Länge auf das Papier und lässt seinen ganzen Körper von einem Partner ummalen.

MATERIAL: Seilchen, Tapetenrolle oder Papierbahnen, Stifte, Fußabdruck des Dinosauriers im originalen Größenverhältnis (46 cm) kopieren oder abmalen.

Knochenfundstelle: Dinoknochen neben Fußabdrücken.

Am Fußabdruck kann man gut erkennen, dass Dinosaurier nur drei Zehen hatten.

– Kopiervorlage –

STEILEN BERG ERKLIMMEN

Dinoforscher haben auf einem schmalen Pfad, der zu einem Berg hinaufführt, wieder Dinospuren entdeckt. Von oben könnt ihr besonders gut erkennen, um welchen Knochenfund es sich dabei handelt.

Geräteaufbau: Jeweils an einem Ringpaar eine Bank einhängen und mit Seilchen sicher befestigen; mit Matten und Weichboden absichern.

Knochenfund: In alten Socken sind verschiedene Gegenstände (z. B. Nuss, Schwamm, Flummiball, Ausstechform, Sandförmchen und ein Pappknochen) versteckt, die durch Ertasten erraten werden können.

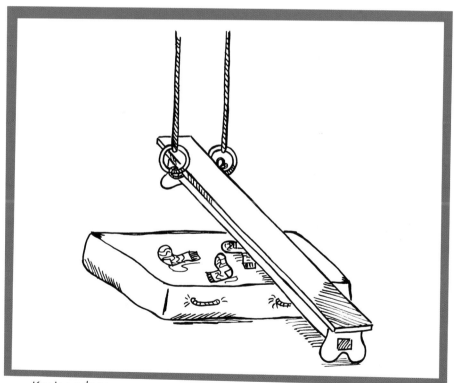

– Kopiervorlage –

ZUR VERSTEINERUNG KLETTERN

Manchmal sind Dinoknochen nicht leicht zu finden, da sie vor Millionen Jahren in einem steilen Felsmassiv eingeschlossen wurden und deshalb fast unerreichbar für uns bleiben.

Wir machen uns also bereit für eine Klettertour zu versteinerten Knochen in der Felswand.

Wie gelingt es den Forschern, über das Gerüst zum versteinerten Knochen zu klettern?

MATERIAL: Vier Reckstangen, Seilchen, Krepppapierbänder, Geschenkbänder.

Knochenfundstelle: Knochen an Reckstange befestigen, zwischen Seilchen hängen.

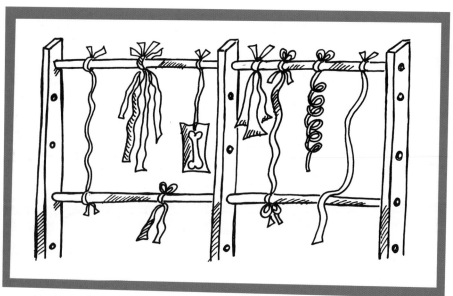

– Kopiervorlage –

HÖHLE ERFORSCHEN

Das Forscherteam hat in einer Höhle den ersten Dinosaurierknochen entdeckt. Seitdem graben Dinoforscher aus der ganzen Welt an dieser Stelle in der Höhle nach weiteren Knochen.

Was gibt es in der Höhle zu entdecken? Am besten nimmt einer von euch die Taschenlampe mit, damit ihr euch in Ruhe umschauen und den Knochen aus der Höhle bergen könnt.

MATERIAL: Zwei Bänke, Kasteninnenteile, kleine Kästen, Weichboden, Tücher bzw. Bettlaken zum Verdecken des Eingangs, mit einer offenen Seite an die Wand bauen, Taschenlampen.

Knochenfundstelle: Dinoknochen in einer Ecke der Höhle verstecken.

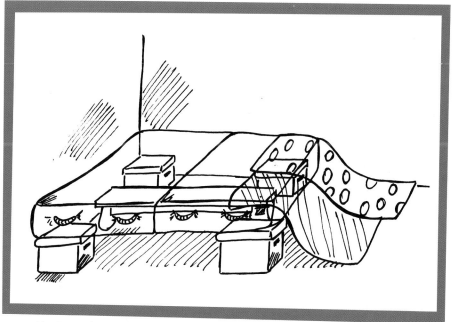

– Kopiervorlage –

Ein kleiner Tipp:

Die Vorstellung von den riesigen Ausmaßen der Saurier ist für Kinder in dieser Turnstunde besonders faszinierend.

Wenn wir uns mit dem Skelett und einzelnen Knochen eines Sauriers beschäftigen, dann erfahren wir gleichzeitig auch eine Menge über unseren eigenen Körper.

Die Bezeichnungen der einzelnen Körperteile werden uns auf diese Weise noch einmal richtig bewusst, genauso lernen wir die Beziehungen der Körperteile untereinander kennen und verstehen.

Bewegungsplanung und motorische Geschicklichkeit setzen nun einmal das Bewusstsein und das Wissen um die Beschaffenheit und Funktion des eigenen Körpers voraus.

Wie eine Landkarte entsteht allmählich ein inneres, über die Sinne wahrgenommenes Bild des Körpers. Das so entstandene Körperschema hilft mir dabei, mich in jeder Situation in angemessener Weise bewegen zu können.

Auch mit unseren kleinen Spielen tauchen wir in die Welt der Dinosaurier ein. Pflanzenfresser und Fleischfresser tragen einen Kampf aus, Dino Blümchen besucht seine Großeltern nicht ohne Hindernisse und wir erfahren, wie es sich anhört, wenn ein Trupp Dinos im Anmarsch ist. Bei den vorgestellten Fangspielen kommt die kleine Dinobande jedenfalls mächtig ins Schwitzen.

GESCHICHTENFANGEN MIT DINO BLÜMCHEN

ORGANISATION:

Die Spielleitung und ein freiwilliger Fänger aus der Kindergruppe sitzen mit einigem Abstand der restlichen Kindergruppe gegenüber auf dem Boden. Nun wird die Geschichte vorgelesen oder auch frei erzählt.

SPIELIDEE

In der Geschichte tauchen Schlüsselwörter auf, die mit besonderen Aufgaben verbunden sind. Fällt der Begriffe *Kralle*, so zeigen die Zuhörer mit den Händen ihre gefährlichen Krallen. Taucht in der Geschichte das Schlüsselwort *Beine* auf, bedeutet das für die Zuhörer, dass sie schnell aufstehen und sich wieder hinsetzen müssen. Bei dem Wort *Zähne* beginnt das Fangspiel.

Das heißt, dass die Gruppe der Zuhörer sich vor dem Fänger in Sicherheit bringen muss, indem z. B. die gegenüberliegende Hallenseite erreicht wird. Der Fänger des letzten Durchgangs bestimmt nun einen neuen Fänger.

Die Geschichte kann selbstverständlich verlängert werden, indem beispielsweise der Heimweg von Dino Blümchen erzählt wird. Von älteren Kindern im Grundschulalter kann dieser zweite Teil auch selbst erfunden werden.

Hierbei wird man häufig von der Kreativität und Fantasie der Kinder überrascht sein. Das Kind, das die Geschichte erzählt, kann die Schlüsselwörter auch gegen neue austauschen.

DINO BLÜMCHEN

Es war ein warmer, sonniger Frühlingstag im Dinoland, an dem sich Dino Blümchen auf den Weg zu seinen Großeltern machen wollte. Ihr werdet euch wundern, warum ein so Furcht erregender Dino den Namen Blümchen trägt, oder? Nun, so richtig Furcht einflößend war Blümchen halt noch nicht. Zuallererst war Blümchen Vegetarier – das ist ja an sich noch nichts Besonderes. Aber Blümchen hatte auch noch nicht – im Vergleich zu anderen Dinokindern in seinem Alter – so scharfe Krallen, so kräftige Beine und so lange Zähne!

Blümchen begab sich also auf den Weg zu seinen Großeltern. Es war immer ein sehr langer, anstrengender und staubiger Weg, auf dem man sich die eine oder andere Blase zwischen den Krallen laufen konnte. Nach einer Stunde kam Blümchen an einem Fluss vorbei. Und da die Beine schmerzten, legte sich unser kleiner Dino in den Schatten unter einen Baum. Als Blümchen in die Baumkrone blickte, erschrak er. Er hatte nämlich von seiner Mutter gehört, dass gefährliche Fleischfresser mit fürchterlichen Krallen in der Gegend ihr Unwesen treiben sollten.

Und tatsächlich – dort oben in der Baumkrone erblickte er zwei riesige Augen, zwei lange Beine und – komischerweise, was ihr jetzt sicherlich erwartet, nicht: lange, spitze, Furcht einflößende, funkelnde Kauwerkzeuge – Zähne also!

Es war, Gott sei Dank, nur eine alte Urzeiteule, die sichtlich überrascht über ihre Furcht einflößende Wirkung war. Amüsiert drückte sie sich mit beiden Beinen von ihrem Ast ab und hob in die Lüfte. Nach einer kurzen Rast – die Krallen schmerzten nicht gar mehr so – machte sich Blümchen wieder auf den Weg.

Er wusste noch von seinem letzten Ausflug, dass hinter dem nächsten Berg eine Quelle mit herrlich frischem Wasser zu finden war. Und da seine Kehle trocken war, vergaß er seine müden Beine und die schmerzenden Krallen und lief übermütig – vielleicht etwas zu übermütig – auf die Quelle zu.

Dort angekommen, beugte er sich sofort über das Wasser, um seinen Durst zu stillen. Alles um sich herum vergessend, wollte er mit seiner trockenen Zunge gerade das Wasser in seinen Mund fließen lassen, als er sein Spiegelbild im Wasser bemerkte.

Doch was war das? Neben seinem Spiegelbild tauchte plötzlich ein weiteres auf. Er erkannte zwei riesige Augen, scharfe Krallen, lange Beine und – das war eigentlich das Schlimmste – lange, spitze, Furcht einflößende, funkelnde Zähne!

Ohne sich noch einmal umzudrehen, rannte er wie besessen geradewegs bis zur Höhle seiner Großeltern. Er konnte seinen Verfolger abhängen, der ja eigentlich viel längere Beine hatte als er! Dort angekommen, kuschelte er sich an seine Großeltern und schlief sofort ein.

KAMPF DER GIGANTEN

Die riesigen Langhälse und die plattenbewehrten Pflanzenfresser waren den Fleischfressern nicht wehrlos ausgeliefert. Der Triceratops zum Beispiel konnte mit seinen Hörnern ernste Wunden reißen. Vor allem aber waren es die schweren und langen Schwänze, mit denen sich die Pflanzenfresser wehren konnten:

MATERIAL: — Mindestens zwei Schaumstoffrollen, Nackenrollen o. Ä., zur Not gehen auch Kopfkissenbezüge, die mit Watte oder locker zusammengeknüllten Zeitungspapierkugeln gefüllt, längs gerollt und mit Wolle schwanzförmig verschnürt werden.
— Seilchen zum Festbinden und zur Abgrenzung der Arena.
— Pro Arena eine größere weiche oder zwei normale Matten.

Und so geht's:

Die Rollen werden mit Seilchen tiefsitzend um die Bäuche der Kämpfer gebunden, sodass der Schwanz hinten ist.

Es kämpfen jeweils zwei Saurier gegeneinander, pro Paar sollte ein Erwachsener über die Einhaltung der Regeln wachen.

Die „Saurier" versuchen, in einer abgesteckten Arena den anderen mit einem Schlag ihres Schwanzes zu treffen. Das wird durch geschickte Drehungen und Hüftenwackeln erreicht.

Die Treffer können, je nach Alter der Mitspieler, gezählt werden, bei jüngeren Kindern zählt einfach der Spaß.

Ein kleiner Tipp:

Bei diesen Spaßkämpfen müssen klare Regeln abgesprochen werden:

1. Es darf nur mit dem Schwanz ohne Zuhilfenahme der Hände gekämpft werden.

2. Andere „Checks", z. B. mit Füßen, Kopf oder Körper, sind streng verboten.

3. Die Kämpfer reichen sich vor und nach dem Kampf die Hände, sprechen zusammen vorher: „Wir wünschen uns einen fairen Kampf!", nachher: „Wir danken uns für den fairen Kampf!"

4. Die Kämpfe bleiben auf die Arena beschränkt.

Immer wieder wünschen sich Jungen, aber auch Mädchen eine Gelegenheit, Spaßkämpfe auszutragen. Meistens bremsen wir Erwachsene sie dann, weil drinnen einerseits Verletzungen durch Möbelkanten sowie andererseits Scherben und Zerstörung drohen, draußen geht es schlecht, weil Spielflächen und -wiesen fehlen.

In der Turnhalle haben wir Platz dafür und können die Gefahren durch ausgewähltes Material (weiche Rollen), gepolsterten Boden (Matten), feste Kampfregeln und eine „begrenzte" Aggression minimieren.

Übrigens handeln oft besonders die Kinder, bei denen wir fürchten, ein solcher Spaßkampf könne ausufern, nach einer Art Ehrenkodex:

Ein klarer, fairer Kampf erhöht die Achtung der Gegner voreinander! Ständige Querelen von bekannten „Streithähnen" und schwelende Konflikte lösen sich auf einmal, weil die Kinder hier auf neue, geregelte Art Kontakt zueinander aufnehmen können.

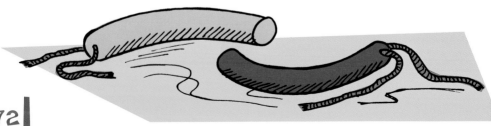

EIN DINO GEHT VORBEI

MATERIAL: Jedes Kind benötigt einen Stab.

SPIELIDEE I
Für 2-5-Jährige

Wir stehen im Kreis, jeder hält einen Stab in den Händen, die Übungsleiterin erzählt:

Hört ihr es? Da ganz hinten, in der Ferne? Ich glaube, da nähert sich uns ein Dinosaurier!

Die Übungsleiterin beginnt leise, langsam und rhythmisch mit dem Stab auf den Boden zu klopfen.

Es scheint sogar eine ganze Gruppe zu sein!

Alle klopfen langsam mit, die Übungsleiterin gibt den Ton an. Wenn das Tempo bereits ausartet, bitte eingreifen!

Sie kommen näher!

Das Klopfen wird lauter.

Sie fangen plötzlich an zu rennen!

Das Klopfen wird lauter und schneller.

Jetzt sind sie schon ganz nah!

Das Klopfen wird ganz laut.

Puuh, Glück gehabt, sie sind vorbei!

Das Klopfen wird leiser.

Und sie werden auch wieder langsamer.

Das Klopfen wird leiser und langsamer.

Man hört sie nur noch von ganz weit her.

Das Klopfen wird sehr leise und langsam.

Hört! Jetzt rennen sie ganz schnell weg!

Das Klopfen wird sehr leise und schnell.

Jetzt sind sie weg!

Stille.

Natürlich kann die Dinogruppe sich auch noch einmal nähern, wieder entfernen, noch näher an uns vorbeikommen – der Fantasie und Ausdauer sind keine Grenzen gesetzt!

SPIELIDEE II
Für ältere Kinder

Die Kinder werden in zwei Gruppen eingeteilt (A und B). Gruppe A übernimmt die Bewegungen bzw. Geräusche der linken Körperhälfte der Dinos; Gruppe B übernimmt den Part der rechten Körperhälfte.

Bewegt sich nun ein Dino durch die Turnhalle, so setzt er abwechselnd das linke Bein (Geräusch wird durch Gruppe A erzeugt) und dann das rechte Bein (Geräusch wird durch Gruppe B erzeugt) auf den Boden. Nun werden zunächst die einzelnen Geräusche aus der obigen Geschichte ausprobiert.

Dies wird nicht so einfach sein, weil sich die beiden Gruppen aufeinander abstimmen und den jeweiligen Rhythmus auch als Gruppe halten müssen. Die Übungsleiterin kann hier anfangs wie ein Dirigent die Gruppen unterstützen. Harmonieren die beiden Körperhälften, wird die Geschichte nachgespielt.

DINOS WACHSEN

SPIELIDEE
Für Größere und Große
(ca. 5-10 Jahre)

MATERIAL: — Pro Fleischfresser einen gelben Tennisring.
— Pro Pflanzenfresser einen roten Tennisring.
— Pro Dino zwei Chiffontücher.
— Ein Gymnastikreifen.

ORGANISATION:

Die mitspielenden Kinder werden in zwei gleich große Gruppen, Fleischfresser und Pflanzenfresser, aufgeteilt.

Die Tennisringe werden in der Hand gehalten, ein Chiffontuch wird in den Hosenbund gesteckt. Die restlichen Tücher werden in einen Gymnastikreifen an den Spielfeldrand gelegt.

SPIELIDEE

Die Dinosaurierarten versuchen, sich gegenseitig die Chiffontücher wegzunehmen. Erbeutete Tücher werden zusätzlich in den eigenen Hosenbund gesteckt. Schafft es ein Kind nicht, ein Chiffontuch zurückzuerbeuten, kann es sich vom Spielfeldrand ein neues Tuch holen. Diese Möglichkeit ist vor allem bei unterschiedlich starken Gruppen ratsam.

Gleichzeitig wird in der anderen Hand der Tennisring gehalten und man versucht, sich mit diesem einem Dino der eigenen Art anzuschließen. Dabei hält sich der zweite Dino am Tennisring des ersten Dinos fest, der erste Dino hat eine Hand frei, um weitere Tücher zu erbeuten. Zwei Dinos dürfen sich nur zusammentun, wenn beide noch mindestens ein Tuch besitzen.

Dem „großen" Dino dürfen nun keine Tücher mehr gestohlen werden. Er ist nicht nur größer, sondern auch stärker als die anderen. Eine gute Gelegenheit also, sich mal auszuruhen.

An die großen Dinos dürfen sich noch weitere der gleichen Art anschließen, sofern sie noch im Besitz ihres Tuchs sind. Das Spiel endet, wenn eine Gruppe keine Tücher mehr hat oder wird nach einiger Zeit von der Spielleiterin unterbrochen.

Je weiter die Dinos wachsen, je stärker sie damit scheinbar werden, desto mehr tritt auch ihr letztendliches Handikap zutage, ein Grund für ihr Aussterben:

Je mehr der Koloss zunimmt, desto unbeweglicher wird er!

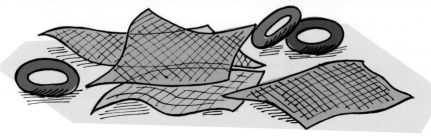

AUF DINOJAGD

SPIELIDEE
Für Kinder im
Grundschulalter

Eine Gruppe kleiner Dinosaurier hat sich zum Schlafen auf eine Lichtung gelegt. Sie bemerken nicht, dass sich im Schutz des dichten Waldes eine große Gefahr nähert. Utahraptoren!

Ihr einziger Vorteil ist, dass sie sehr gute Ohren haben. Vielleicht machen die Angreifer einen Fehler und treten versehentlich auf einen morschen Ast im Unterholz. Da die Utahraptoren nicht alle Dinos auf einmal verspeisen können, bringen sie ihre Opfer nach erfolgreicher Jagd in ihren Bau. Vielleicht gelingt den klugen Dinos mithilfe ihrer Freunde doch noch die Flucht.

MATERIAL: — Mehrere Zeitungen.
— Eine große Matte.

SPIELIDEE

Ein Großteil der Gruppe legt sich in Kreisform auf den Hallenboden.

Die Zeitung wird in einiger Entfernung zur Gruppe zusammenge-knüllt auf den Boden gelegt. Die Utahraptoren schleichen sich an die Gruppe heran. In der Halle muss nun absolute Ruhe herrschen. Denn die Angreifer signalisieren ihren Angriff, indem sie auf die Zeitung tre-ten. Die durch das Rascheln gewarnten Dinos versuchen, sich in Sicher-heit zu bringen.

Gefangene Dinos werden von den Utahraptoren in ihren Bau gebracht. Sie können dort von anderen Dinos gerettet werden, indem sie den Ge-fangenen eine Hand reichen und gemeinsam eine Runde um den Bau (dicke Matte) laufen. Hierbei dürfen sie sich natürlich nicht selbst fangen lassen!

Das Spiel wird nach einiger Zeit unterbrochen und die Rollen neu verteilt.

Ein kleiner Tipp:

Die Anzahl der Angreifer kann variieren. Bei vielen Angrei-fern wird es für die gesamte Gruppe ein laufintensives Spiel. Wer auch mal eine Pause einlegen möchte, kann die Rolle des Befreiers übernehmen.

ATTRAKTIVE AKTIONEN

Nun möchten wir uns doch einmal gerne vorstellen, wie groß so ein Dinosaurier war. Die größten Tiere, die die Natur je hervorgebracht hat. Wie klein muss einem die Welt erscheinen, wenn man selbst so unglaublich groß ist?

Bei dieser Aktion geraten die Kinder in die Rolle derer, die sie oft so gern beobachten: Fast ameisengleich krabbeln sie auf den Dinosauriern herum. Da kann die Perspektive der „Krone der Schöpfung" ganz schön ins Wanken geraten!

DER BRACHIOSAURUS IN DER TURNHALLE

Am anschaulichsten gerät der Saurier in der Turnhalle, wenn beide Varianten nacheinander gebaut werden:

I. VARIANTE

MATERIAL:
— Jede Menge Seilchen.
— Ein Gliedermaßstab für jedes Kind (mitbringen lassen, teilen geht auch!).
— Ein Bild von einem Brachiosaurus (Schablone, nächste Seite).

Ein Brachiosaurus war etwa 23 m lang und 16 m hoch.

Der Abbildung folgend, messen die Kinder auf dem Hallenfußboden den Körper des Brachiosaurus ab, die gemessenen Konturen werden mit Seilchen nachgelegt.

Zum Schluss kann der Brachiosaurus am besten von einem erhöhten Punkt aus (großer Kasten innerhalb des Sauriers, Matten nicht vergessen!) in seiner Gänze betrachtet werden.

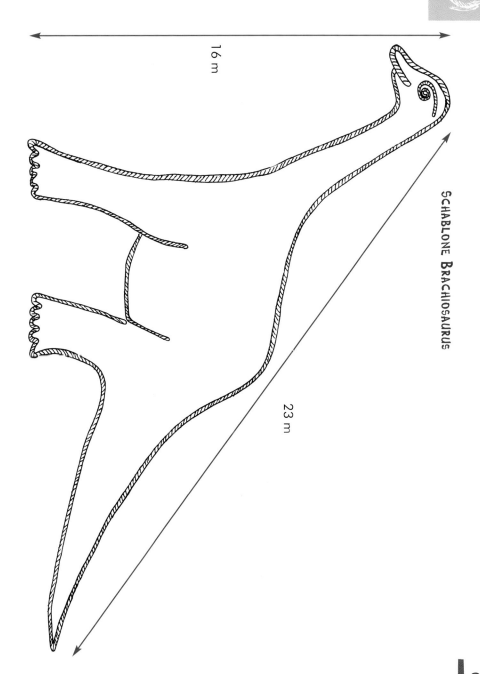

16 m

SCHABLONE BRACHIOSAURUS

23 m

2. VARIANTE

MATERIAL: — Zwei Stufenbarren.
— Eine lange Leiter.
— Vier große Kästen.
— Zwei Seitpferde oder vier Böcke.
— Vier mittlere Kästen.
— Vier kleine Kästen.
— Eine Langbank.
— Matten zur Absicherung.

Nachdem wir nun gesehen haben, wie groß der Brachiosaurus tatsächlich war, können wir ihn jetzt auch plastisch entstehen lassen.

Leider brauchen wir dazu sehr viele Großgeräte.

BRACHIOSAURUS ZUM KLETTERN

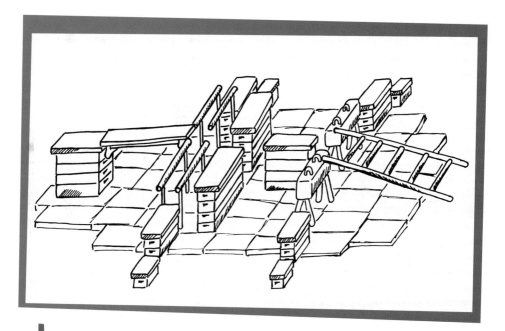

Alternativ könnte nur die „Wirbelsäule" gebaut werden:

MATERIAL: — Ein Stufenbarren.
          — Eine lange Leiter.
          — Zwei große Kästen.
          — Eine Langbank.
          — Matten zur Absicherung.

Und da es sich in beiden Fällen ja um friedliche Pflanzenfresser handelt, haben sie auch nichts dagegen, wenn die Kinder auf ihnen herumklettern!

Durch diese Aktion könnten Kinder (und Eltern) nachempfinden, wie groß sich Dinosaurier in ihrer Welt gefühlt haben mögen, in der es natürlich keine Gebäude gab, auch keine Turnhallen, in denen sie hätten Platz finden können.

WIRBELSÄULE EINES BRACHIOSAURUS

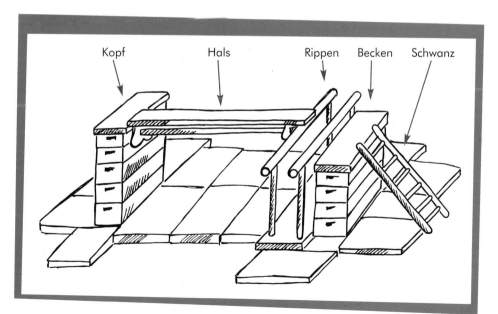

Wie die Dinosaurier sich wohl bewegt haben, lässt sich durch eine andere Aktion erfahren:

Viele Dinosaurierarten schleiften einen mächtigen Schwanz hinter sich her. Sie brauchten ihn wahrscheinlich als Stütze und als Mittel, um die Balance zu halten. Auf Grund der Masse konnten diese Anhängsel aber auch ziemlich lästig sein! Lassen wir die Kinder also erleben, wie schwer es sein konnte, als Urzeitriese durch die Welt zu wandern.

DIE HANDIKAPS DER DINOSAURIER

Natürlich haben auch viele „moderne" Tiere lange Schwänze, doch solche Massen, wie die Dinos teilweise mit sich schleppen mussten, gab es nie wieder.

Um sie herzustellen, benötigen wir nicht viel:

MATERIAL: — Einige Rollen grünes Krepppapier.
— Watte oder Zauberwatte als Füllmaterial (nicht unbedingt notwendig).
— Einen Tacker.
— Klebeband.

Aus dem Krepppapier lassen sich ganz einfach spitztütenförmige, lange Schwänze drehen. Diese werden an den überlappenden Stellen großräumig zusammengetackert. Wer möchte, kann sie noch mit locker aufgeplusterter Watte oder Zauberwatte (gibt's im Bastelladen) füllen. Die Schwänze werden mit Klebeband an den „Kehrseiten" befestigt.

Die Pflanzenfresser bewegen sich selbstverständlich vierbeinig über den Großgeräteparcours (z. B. S. 82f.), dabei schleifen sie von nun an ihre riesigen Schwänze hinter sich her – gar nicht so einfach, sich zu bewegen, wenn die Grenze des Ichs so weit nach hinten verlagert ist!

Wir müssen auf unsere eigenen Schwänze aufpassen und auch auf die der anderen, damit wir niemandem wehtun! Denn die segensreiche Einrichtung der Eidechsen, die ihre Schwänze bei Gefahr abwerfen können, kannten die Dinosaurier noch nicht!

Wer so beeindruckt von dem gefährlichen Tyrannosaurus Rex oder Velociraptor ist, dass er deren Rolle einnehmen möchte, kann mit einem einfachen Trick auch deren entscheidendes Handikap am eigenen Leibe erfahren:

Es wird verabredet, die Hände und Arme vor dem Oberkörper verschränkt festzuhalten. Alternativ können die Arme bei älteren Kindern mit einem Streifen Kreppklebeband fixiert werden.

Diese Haltung gibt den Kindern Aufschluss darüber, wie wichtig beim aufrechten Gang die Arme sind. Um die Balance zu halten, fehlt ihnen ja zusätzlich auch noch das Gefühl in der Schwanzattrappe.

Außerdem müssen sich die Fleischfresser deutlich vorsichtiger bewegen, sie können sich schließlich nur sehr eingeschränkt festhalten.

Zudem sind sie, wenn Arme und Hände als Greifwerkzeuge nahezu ausfallen, auch viel weniger gefährlich!

Durch dieses Erleben verliert der Tyrannosaurus Rex gleich einiges von seinem Image als absoluter Schrecken der Urzeit. – Auch er war nicht unverwundbar, auch er konnte nicht grenzenlos schalten und walten (war also kein wirklicher „rex" = König), und wenn er in ungünstiger Position hinfiel, konnte das bereits sein Ende bedeuten!

KREATIVECKE

Weniger gefährlich als die echten Dinos leben die Exemplare in unserer Kreativecke!

In einer ruhigen Ecke der Turnhalle kann parallel zur Großgerätelandschaft eine Bastelecke eingerichtet werden, in der Eltern nach einem Anschauungsmodell bzw. unter Anleitung den Kindern beim Basteln helfen können.

Für alle Teilnehmer ist es das i-Tüpfelchen auf der Dinosaurierturnstunde, wenn sie dann auch noch einen Dinosaurier mit nach Hause nehmen können.

KREPPDINOSAURIER

MATERIAL: — Verschiedene Papprollen (aus Toilettenpapierrollen und Küchenrollen).
— Tacker.
— Flüssigkleber.
— Grünes (auch gelbes, braunes ...) Krepppapier.
— Einige Filzstifte.

Die Papprollen werden knapp am Rand nach folgendem Schema zusammengetackert:

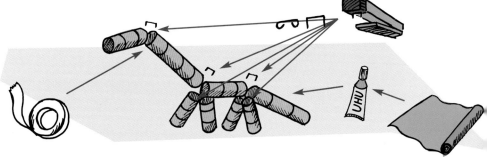

Schwachstellen werden zusätzlich mit Klebeband umwickelt.

Dann wird das Dinokonstrukt sehr dünn mit Flüssigkleber bestrichen und mit schmalen Krepppapierstreifen eingeschlagen.

Bei dieser Aktion ist natürlich Elternhilfe beim Tackern und beim vorsichtigen Umgang mit dem Kleber in der Turnhalle (Kreativbereich mit Zeitung oder Plane abdecken) vonnöten!

Sind die Kreppdinosaurier fertig, können sie per Filzstift noch Augen, Mund, Nasenlöcher etc. bekommen.

Die kleinen Pappkameraden sind eine haltbare Erinnerung an die Turnstunde mit den mysteriösen Riesen aus einer fernen Zeit.

Etwas sauberer arbeiten lässt sich natürlich ohne Klebstoff. Allerdings sind die Gebilde, die dabei herauskommen, auch etwas empfindlicher.

DÜNNE KUSCHELDINOS

MATERIAL: — Pfeifenreiniger (grün, gelb, grau, braun, aber auch alle anderen Farben).
— Bunte Holzperlen.

Die Pfeifenreiniger lassen sich sehr leicht biegen und formen. Runde Formen, wie z. B. Ohren, kann man erreichen, indem man Endstücke knapp umbiegt. Beine werden zunächst zweidimensional angepasst (sozusagen liegt dann der Dino mit ausgestreckten Beinen platt auf dem Bauch), dann 1-2 x um den „Körper" gewickelt und schließlich nach unten und in die dritte Dimension gebogen.

Nach folgendem Schema wird schon ein Dino draus:

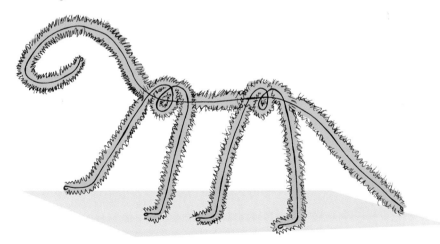

Diese erste Art des Biegens erschafft sozusagen eine Art „Universaldino" und ist sehr leicht von Kindern nachzumachen.

Ein kleiner Tipp:
Natürlich ist das auch als so eine Art „Universaltier", zu verwenden beim nächsten Kindergeburtstag als Vorlage für Pferd, Hund, Katze ...

Etwas schwieriger ist da schon der „Tyrannosaurus spiralios":

Holzperlen

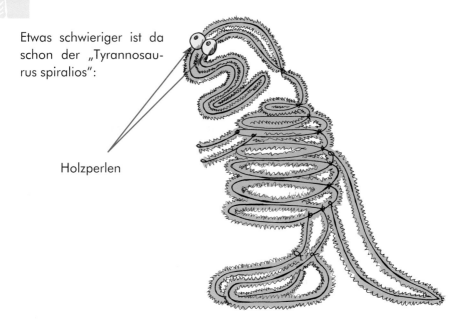

Und als größte Herausforderung für kleine und große Biegekünstler der „Spiralostegosaurus":

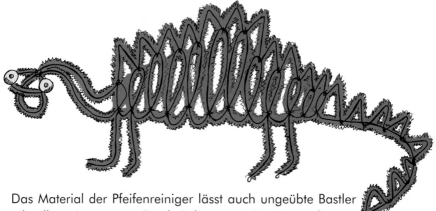

Das Material der Pfeifenreiniger lässt auch ungeübte Bastler schnell zu einem guten Ergebnis kommen. Man muss die entstandenen Dinos zwar mit etwas Vorsicht behandeln, dafür sind sie weich und filigran und fast wie wissenschaftliche Modelle anzuschauen.

DINOMETER

Mit dem Dinometer können alle Dinofans ihren Mitspielern zeigen, wie sie sich gerade fühlen. Schnell das entsprechende Bild auf dem Dinometer einstellen und alle anderen sind gewarnt, in welchem Zustand sich der Besitzer augenblicklich befindet.

Mögliche Zustände sind z. B.: Dino-stark, -groß, -mutig, -laut, -gefährlich, -müde, -vollgefressen, -kampflustig.

Hierzu benötigt jedes Kind:

MATERIAL: Eine Karte mit Dreheffekt (aus dem Bastelbedarf) oder selbst hergestellt aus zwei runden Pappscheiben, eine davon mit Fenster, eine Klammer, Farben, Stifte oder Bastelmaterial zum Verzieren (das Prinzip ist wie bei einer Parkuhr).

Die Drehscheibe mit den Kindern gemeinsam gestalten und beschriften. Damit kann übrigens auch zu Hause der eigenen Stimmung Ausdruck verliehen werden.

FORSCHERPASS

Weltweit anerkannt!

Name: _____

wird in den Kreis der Dinosaurierforscher aufgenommen.

Folgende Aufgaben wurden durchgeführt:

— Ausrüstung transportieren.

— Im tiefen Ausgrabungsloch Knochen finden.

— Dinofußabdruck erkennen.

— Steilen Berg erklimmen.

— Zur Versteinerung klettern.

— Höhle erforschen.

— und ein Dinosaurierskelett zusammensetzen.

_____

Stempel   Unterschrift

– Kopiervorlage –

DAS KLEINE DINO-ABC

KLEINE SAURIERKUNDE

Natürlich müssen wir nicht genau wissen, in welchem Erdzeitalter welche Art gelebt hat, auch sind all die lateinischen Namen sicher nicht leicht zu merken, doch da es in jeder Turngruppe mit ziemlicher Sicherheit mindestens einen kleinen Dinoexperten gibt, sollten wir wenigstens etwas vorbereitet sein.

Dinosaurier gab es vor vielen Millionen Jahren, als die Erde noch ganz anders aussah. Die Kontinente bildeten noch gemeinsam den Urkontinent „Pangäa". Fast alles Land auf der Erde hing also zusammen, es lagen keine Meere dazwischen – darum lebten fast alle Saurierarten fast überall. Sie waren zwischen 50 cm und über 20 m hoch.

Menschen lebten damals noch nicht – darum hat kein Mensch je einen lebenden Dinosaurier gesehen. Gleichzeitig mit den Dinosauriern gab es auf der Erde Insekten, Echsen und erste kleine Säugetiere.

Unser Wissen über die Dinosaurier haben wir durch Knochenfunde. Durch verschiedene wissenschaftliche Untersuchungen kann man anhand der Knochen – z. B. wie sie zusammengesetzt waren, wo und wie sie lagen und gefunden wurden – viele Dinge über das Leben der Dinosaurier herausfinden.

Dinosaurier lassen sich grob in zwei Gruppen unterscheiden: die Fleischfresser und die Pflanzenfresser. Die bekanntesten sind natürlich doch wieder die „Großen" unter allen Saurierarten.

DIE BEKANNTESTEN FLEISCHFRESSERARTEN SIND:

Tyrannosaurus Rex, Allosaurus, Velociraptor und Deinonychus. Diese waren sehr unterschiedlich groß, Tyrannosaurus Rex ca. 5 m hoch, Velociraptor nur ca. 2 m. Sie lebten zu völlig verschiedenen Zeiten. Gemeinsam ist ihnen, dass die Hinterbeine viel stärker als die Vorderbeine waren und dass sie sich auf zwei Beinen fortbewegten.

DIE BEKANNTESTEN PFLANZENFRESSER SIND:

Der Triceratops (ca. 9 m lang), dessen Schädel mit einer Hornplatte und drei Hörnern bewehrt war, der Stegosaurus (ca. 9 m lang), der markante Knochenplatten auf seinem Rücken trug und die Langhälse Brachiosaurus und Apatosaurus (ca. 23 bzw. 21 m lang).

Auch diese vier Arten lebten zu unterschiedlichen Zeiten, gemeinsam ist ihnen die Fortbewegung auf vier Beinen.

BEKANNTESTE FLUGSAURIER SIND:

Der Pteranodon (ca. 7 m Flügelspannweite) und später der Archäopterix (etwa so groß wie eine Krähe), der Federn hatte und damit beweist, dass Vögel die Nachkommen von Dinosauriern sind.

DIE BEKANNTESTEN SCHWIMMSAURIER SIND:

Ichthyosaurus, der mit seinen Flossen und der langgestreckten Schnauze bereits an den Delphin erinnert, und Plesiosaurus, der so aussah und so groß war wie ein Langhals (Brontosaurus) mit Flossen.

IM BLICK: „HIER BEWEGT SICH WAS" — PRAXISREIHE:

UND NÄCHSTES MAL NIMMT UNS PIPO MIT AUF EINE SPANNENDE REISE INS MORGENLAND:

Märchenhaft orientalisch geht es in diesem Band zu! Mit dem fliegenden Teppich reisen wir ins Morgenland, begrüßen Händler auf dem Basar und kommen bei einer Kameltour so richtig ins Schwitzen.

Viele Aktionsideen, wie typische Tänze, Spiele und Großgeräteaufbauten rund um das Thema Orient regen ÜbungsleiterInnen, ErzieherInnen und LehrerInnen zur phantasievollen Planung reizvoller und abwechslungsreicher Turnstunden an. Mit dem Inhalt werden Turnkinder verschiedener Altersstufen angesprochen. Wie immer steht der Spaß an der Bewegung und die Neugier auf Unbekanntes im Vordergrund.

HIER BEWEGT SICH WAS

DIE REISE INS MORGENLAND

Jenny Fotschki (Red.)

Eltern-Kind- und Kinderturnen in Kindergarten, Schule und Verein

MEYER & MEYER VERLAG

DIE PIPO-REIHE IST AUCH IM ABO ERHÄLTLICH!

BITTE SENDEN SIE DEN COUPON AN:

MEYER & MEYER VERLAG
Von-Coels-Straße 390
52080 Aachen
Fax: 02 41/9 58 10-10

verlag@m-m-sports.com
www.m-m-sports.com

BESTELLCOUPON

PIPO-ABO PIPO-ABO

HALLO PIPO,

Ich möchte „HIER BEWEGT SICH WAS" ab der nächsten Ausgabe im Abonnement (vier Hefte jährlich) zum Preis von € 49,00 zuzüglich anteilige Porto- und Versandkosten beziehen. Das Abonnement gilt für ein Jahr. Es verlängert sich automatisch um ein Jahr zu den dann gültigen Bedingungen, wenn ich nicht sechs Wochen vor Ablauf der Abonnementslaufzeit kündige.

Name/Vorname

Verein/Kindergarten/Schule

Straße/Nummer

PLZ/Ort

Telefon

Datum   1. Unterschrift

Gewünschte Zahlungsweise

☐ Bequem und bargeldlos durch Bankeinzug

Konto-Nr.

BLZ

Geldinstitut

☐ gegen Rechnung

Mir ist bekannt, dass ich diese Bestellung innerhalb von einer Woche (Poststempel) schriftlich widerrufen kann.

Datum   2. Unterschrift

MEYER
& MEYER
VERLAG